D0803219

Yellow Umbrella Books are published by Red Brick Learning
7825 Telegraph Road, Bloomington, Minnesota 55438
http://www.redbricklearning.com

Library of Congress Cataloging-in-Publication Data
Bauer, David
[My apple tree. Spanish]
Mi manzano/por David Bauer.
p. cm.
ISBN-13: 978-0-7368-5992-9 (hardcover)
ISBN-10: 0-7368-5992-6 (hardcover)
ISBN 0-7368-3084-7 (softcover)
1. Apples—Juvenile literature. I. Title.
SB363.B3818 2006
634'.11—dc22   2005054301

Written by David Bauer
Developed by Raindrop Publishing

Editorial Director: Mary Lindeen
Editor: Jennifer VanVoorst
Photo Researcher: Wanda Winch
Adapted Translations: Gloria Ramos
Spanish Language Consultants: Jesús Cervantes, Anita Constantino
Conversion Assistants: Jenny Marks, Laura Manthe

Photo Credits
Cover: David Frazier/Corbis; Title Page: New York Apple Association; Page 4:
Gary Sundermeyer/Capstone Press; Page 6: Gary Sundermeyer/Capstone Press;
Page 8: Patrick Johns/Corbis; Page 10: William Allen; Page 12: Mark E. Gibson/
Corbis; Page 14: Mark E. Gibson/Corbis; Page 16: Mark E. Gibson/Corbis

1 2 3 4 5 6 11 10 09 08 07 06

Mi manzano

por David Bauer

Yellow
Umbrella
Books
for early readers

4

Mi manzano
crece hojas.

Mi manzano
crece flores.

Mi manzano
crece manzanas.

10

Mi manzano
crece muchas manzanas.

Recogemos manzanas
de mi manzano.

Comemos manzanas
de mi manzano.

Este es mi manzano.
Pronto va a tener
manzanas.

Índice